Inhalt

Reiseveranstalter - Aussichten bleiben erfreulich

Kernthesen

Beitrag

Fallbeispiele

Zahlen und Fakten

Weiterführende Literatur

Impressum

GENIOS BranchenWissen Nr. 02 vom 22.02.2012

Reiseveranstalter - Aussichten bleiben erfreulich

I.Zeilhofer-Ficker

Kernthesen

- Im Geschäftsjahr 2010/2011 haben die deutschen Reiseveranstalter 23,3 Milliarden Euro umgesetzt, neun Prozent mehr als im Vorjahr.
- Auch für 2012 sind die Aussichten derzeit erfreulich und weisen auf Zuwächse im oberen einstelligen Bereich hin.
- Bei den Branchenführern blieb TUI blieb mit 4,2 Milliarden Euro Erlösen und einem Wachstum von 9,6 Prozent an der Spitze, gefolgt von REWE mit einem Umsatz von 3,2 Milliarden Euro und der deutschen Thomas Cook Gruppe mit rund 3 Milliarden

Euro.
- Ohne dynamische Reiseangebote kommt inzwischen kein Reiseveranstalter aus, rund 20 Prozent der Veranstalterumsätze werden bereits über X-Veranstalter gebucht.

Beitrag

Der Veranstaltermarkt in Deutschland

Mit 23,3 Milliarden Euro Umsatz erreichten die deutschen Reiseveranstalter 2011 eine Rekordmarke. Mehr als neun Prozent wuchs das Veranstaltergeschäft hierzulande, trotz der Unruhen in Nordafrika im Frühling 2011, die das Geschäft mit Reisezielen in Ägypten und Tunesien zeitweise ganz zum Erliegen brachten. Doch der deutsche Tourist ist Katastrophen mittlerweile gewöhnt und lässt sich die Urlaubslaune davon nicht vermiesen. Statt Nordafrika wurden die Kanaren oder die Türkei gebucht und das Veranstaltergeschäft - sowohl stationär als auch online - brummte. Der Ausblick für das Jahr 2012 ist derzeit ebenfalls noch erfreulich. Die Buchungszahlen weisen auf weitere Zuwächse im oberen einstelligen Bereich hin. (1)

Doch nicht alle Veranstalter konnten und können gleichermaßen an der gestiegenen Reiselust partizipieren. Während die Branchenführer TUI, REWE und Thomas-Cook teilweise Marktanteile abgeben mussten, wuchsen im letzten Jahr vor allem die Verfolger FTI, Alltours und Schauinsland überproportional schneller als der Markt. Mit ein Grund dafür könnte sein, dass die Reise-Giganten TUI und Thomas-Cook im vergangenen Jahr Verkaufsbüros gestrichen haben. Die Agenturen sollen daher nun ersatzweise durch Call-Center betreut werden. [Abb. 1]

Die Aktienmärkte haben die Reiseveranstalter allerdings fast abgeschrieben. Nach mehrmaligen Gewinnwarnungen fiel der Aktienkurs von Thomas Cook um 92 Prozent und zog auch den TUI Kurswert um 54 Prozent nach unten. Viel Geld lässt sich in der Touristik einfach nicht verdienen, bei einer Gewinnmarge von zwei Prozent lassen die börsennotierten Reisekonzerne schon die Sektkorken knallen. Veranstalter, die keinen Aktieneignern Rechenschaft schulden, freuen sie sich oftmals noch über Gewinne von einem Prozent auf den Kapitaleinsatz. (2), (3), (4)

Die Marktführer in Deutschland

TUI

Mit 4,21 Milliarden Euro Umsatz blieb die TUI in Deutschland im Geschäftsjahr 2010/2011 Branchenprimus. Mit 9,6 Prozent Wachstum lag sie ziemlich nahe am Durchschnittswert der Branche. Auch das Konzernergebnis lässt sich sehen: sieben Prozent mehr Umsatz (17,5 Milliarden Euro), zwei Prozent mehr operativer Gewinn (600 Millionen Euro). Nur die Beteiligung an der Container-Reederei Hapag-Lloyd lieferte rote Zahlen. Doch auch dieses Problem könnte sich im laufenden Jahr endgültig lösen. 17 Prozent der Beteiligung werden an das Albert-Ballin-Konsortium verkauft. 700 Millionen Euro werden so die Kasse der TUI auffüllen. Die verbliebenen 22 Prozent der Hapag-Anteile (Wert: etwa 550 Millionen Euro) kann die TUI ab Juli an die Börse bringen oder an Investoren verkaufen. (2), (5), (6)

Schon im vergangenen Jahr konnte der TUI Konzern die Schuldenlast um 1,5 Milliarden Euro auf nur noch 800 Millionen Euro reduzieren. Durch den Verkauf der Container-Anteile könnte sich der Konzern komplett schuldenfrei stellen. Oder aber investieren. In neue Hotelprojekte beispielsweise. Denn eine der Hauptstrategien der TUI-Geschäftsführung zielt auf Exklusivität. Als einziger Anbieter einer guten Hotelanlage fällt der Preisdruck unter Konkurrenten weg und es lassen sich höhere Margen erzielen. Darüber hinaus setzt die Konzernleitung auf einen

Ausbau des Online-Geschäfts sowie auf Kostenreduzierung durch organisatorische Straffung der Geschäftsbereiche. (2), (5), (6)

Das erste Quartal des neuen Geschäftsjahres lief gut für TUI. Der Netto-Quartalsverlust vergrößerte sich zwar auf 137 Millionen Euro (Vorjahr: 94 Millionen Euro), der Umsatz ist aber auf 3,45 Milliarden Euro angestiegen (plus fünf Prozent). Schuld an dem Minuswachstum ist größtenteils der Nachfrageeinbruch der nordafrikanischen Länder wegen der Unruhen in der arabischen Welt. Die Aussichten für den Sommer sind aber laut Konzernführung gut: mehr als 25 Prozent der Sommerkapazitäten sind bereits verkauft. (6)

REWE Touristik Mit Umsätzen von 3,1 Milliarden Euro blieb die REWE-Touristik auf dem zweiten Platz der deutschen Reiseveranstalter. Wieder wuchs der Baustein-Bereich (Dertour, Meiers, ADAC) mit acht Prozent auf 1,7 Milliarden Euro wesentlich kräftiger als die Pauschalveranstalter (plus 2,5 Prozent auf 1,4 Milliarden Euro). Vor allem im Fernreisebereich liegen die Rewe-Veranstalter in Führung. Hier spielen Dertour und Meiers ihre Fachkompetenz mühelos aus. Auch REWE hatte aber unter der Situation in Nordafrika zu leiden. (2), (7)

Ansonsten ist das REWE-Geschäft eher unspektakulär. Exklusive Häuser sollen auch hier für höhere Margen sorgen. Dertour versucht mit fünf

Deluxe-Katalogen im lukrativen Luxus-Markt Fuß zu fassen. Auch mit Nischen-Produkten will man punkten: ein Katalog für Schwule und Lesben ist für Dertour ebenso neu wie ein spezieller Familien-Katalog. Das Programm mit Gesundheitsreisen über die Marke Dr. Holiday soll mehr Aufmerksamkeit erhalten. Und die Olympischen Spiele in London sollen natürlich ebenfalls einen kräftigen Schub auslösen. Insgesamt erhofft man sich so ein Wachstum von drei bis vier Prozent für 2012. (8)

Thomas Cook
Der Thomas Cook Konzern ist das Sorgenkind der europäischen Touristik-Unternehmen. Allein im Geschäftsjahr 2010/2011 sammelte sich ein Verlust von 608 Millionen Euro an. Natürlich waren auch hier die Unruhen in Nordafrika zu verkraften. Zum stetigen Problem hat sich aber vor allem der für Thomas Cook wichtige britische Markt entwickelt. Die Investition in stationäre Verkaufsstellen in Großbritannien hat sich als Fehlkauf erwiesen. Dafür fehlte dann das Geld zur Modernisierung der veralteten IT-Systeme. Auch hat man den Ausbau des Online-Geschäfts verschlafen. Als Folge der miserablen Geschäftszahlen warf Konzernchef Fontenla-Novoa im Sommer 2011 das Handtuch. Seither versucht Interimschef Weihagen das Steuer herumzureißen. (1), (9)

Im Gegensatz zum britischen und französischem

Geschäft, das im vergangenen Quartal um über 20 Prozent einbrach, sieht es in Deutschland verhältnismäßig gut aus. Mit einem Umsatz von rund 3 Milliarden Euro (plus 5,3 Prozent) im Geschäftsjahr 2010/2011 erwies sich der deutsche Markt als weiterhin profitabel. Auch die Integration des Neuerwerbs Öger Tours entwickelte sich, nicht zuletzt dank des Türkei-Booms im letzten Jahr, positiv. (2), (10)

Doch der mit über einer Milliarde Euro verschuldete Konzern kommt insgesamt nicht aus der Misere. Im ersten Quartal vergrößerte sich der Vorsteuerverlust um mehr als 50 Prozent auf 183 Millionen Euro, bei einem gleichzeitigen Umsatzzuwachs von drei Prozent auf 1,86 Milliarden Pfund. Die Buchungszahlen für das laufende Jahr sind noch unter den Vorjahreswerten, auch im deutschen Markt. Nun versucht die Konzernführung einige Firmenteile zu verkaufen, um so frisches Geld in die Kassen zu spülen. Die indische Tochter soll veräußert werden; auch der Verkauf der profitablen Konzernfluglinie Condor wird geprüft. Doch wohin führt der Weg, wenn es nun schon ans Tafelsilber geht? (9), (11)

Trends

Marktanteil der X-Veranstalter wächst, die Herausforderung an die Technik ebenfalls

Ohne dynamische Reiseangebote kommt inzwischen kaum ein Reiseveranstalter aus. Neben den klassischen dynamischen Veranstaltern wie beispielsweise VTOURS, LMX oder Jasmin Taylor, haben inzwischen die meisten eigene dynamische Veranstalter-Töchter gegründet. In der Regel firmieren sie mit einem X vor dem Firmenkürzel. Rund 20 Prozent der Veranstalterumsätze werden bereits über diese X-Veranstalter gebucht. So viel, dass es den klassischen Veranstaltern bereits weh tut. Und die Tendenz ist steigend. Dabei kombinieren auch sie immer häufiger flexibel freie Hotelbetten mit verfügbaren Flugsitzen aus dem Linien- und Charterfluggeschäft. Ungerade Aufenthaltsdauern wie 9, 13 oder 17 Tage sind längst kein Problem mehr. (1), (15)

Für die Systeme, über die die dynamischen Reisen paketiert werden, ergeben sich natürlich völlig neue Anforderungen. Insbesondere bei den klassischen Veranstaltern, wo die dynamischen Buchungssysteme meist auf bestehende Produktionssysteme aufsetzen müssen, gilt es oftmals noch gewaltige Probleme zu lösen. Die Technik entwickelt sich einmal mehr zum Schlüssel für die Zukunft der Reiseveranstalter. Und nicht selten auch zum Nadelöhr. Die jungen Systeme der Dynamischen gelten in der Branche als das Maß der Dinge. Gleichzeitig steigt das Risiko, dass mit entsprechender Technik und Know-how völlig neue Konkurrenz entstehen könnte. Mit Hilfe des DRV (Deutscher ReiseVerband) wird daher intensiv an neuen Datenstandards gearbeitet, Player-Hub-Technologien getestet. Alle Veranstalter sind sich mittlerweile darüber im Klaren, dass die Technik über künftigen Erfolg und Misserfolg entscheiden wird. (15), (16)

Kleine Spezialisten als Innovationsmotor der Branche

Sucht man darüber hinaus nach aktuellen Trends im Veranstaltergeschäft, so findet man nur wenig wirklich Neues. Die Branchengrößen setzten 2012 vermehrt auf Exklusivität, um möglichst viele Gäste in die eigenen Häuser zu locken. Insbesondere den Luxus-Markt wollen alle abschöpfen. Zielgruppenansprache schreibt sich jeder auf seine Fahnen und in dieser Saison hat man die Familien mit Kindern wiederentdeckt. Wirkliche Innovationen entdeckt man eher bei den kleinen Spezialisten. So sind beispielsweise Angebote für nachhaltigen

Tourismus so gut wie ausschließlich bei kleinen Reiseunternehmen im Programm. Und auch an die differenzierten Reisevorstellungen der wachsenden Gruppe der Senioren trauen sich bisher nur Wenige heran. Die von immer mehr Urlaubern gewünschte Individualisierung der Reiseangebote findet häufig im Reisebüro oder durch den Gast selbst über die Auswahl verschiedener Reisebausteine statt. Dem soll nun die neue EU-Pauschalreiserichtlinie, die 2012 die EU-Gremien durchlaufen soll, Rechnung tragen. Diese hat allerdings zur Konsequenz, dass Reisebüros künftig wohl immer öfter selbst zum Veranstalter werden. (17), (18)

Fallbeispiele

Die Verfolger

FTI
Wesentlich erfreulicher als für die drei Marktführer lief die Entwicklung in der Verfolgergruppe, allen voran FTI. Mit Erlösen von 1,32 Milliarden Euro - ein Plus von 24 Prozent - schlossen die Münchner auf zum bisherigen Branchen-Vierten Alltours, der ebenfalls 1,32 Milliarden Euro Umsatz erreichte. Der mit Konzerntochter BigX-tra konsolidierte Umsatz der FTI-Gruppe addierte sich sogar auf 1,47

Milliarden Euro. Das Erfolgsrezept von FTI? Ein Reiseprogramm, das auch Nischen bedient (Sprachreisen, Selbstanreise, Fernziele, Luxus-Reisen) und trotzdem attraktive Preise mit guter Qualität anbieten kann. Dazu hochflexible IT-Systeme, die dynamisches Paketieren zu aktuellen Preisen ermöglichen. Und trotz einem weltweiten Stamm von 1 500 Mitarbeitern das Gefühl, mit einem Familienbetrieb zu tun zu haben. Denn hier hat noch der Chef, Dietmar Gunz, selbst das Sagen. (7), (12)

Alltours
Auch bei Alltours hält der Chef die Zügel in der Hand. Willi Verhuven kann sich über die positive Geschäftsentwicklung - plus 12,4 Prozent Umsatz und plus 8,2 Prozent mehr Gäste - freuen. Auch Alltours möchte sich hin zum Vollsortimenter entwickeln und bietet im laufenden Geschäftsjahr erstmals erdgebundene Reisen an. Vor allem den Familien will man so bei Alltours eine Alternative zur teuren Flugpauschalreise bieten. Die Neu-Duisburger versuchen sich ebenfalls mehr und mehr exklusive Hotels zu sichern, um sich dem Wettbewerbsdruck zu entziehen. Auch die Zahl der unter der Marke Allsun selbst betriebenen Hotels steigt von Jahr zu Jahr. Alltours versteht sich als Preisführer für qualitativ hochwertige Reisen. Im laufenden Geschäftsjahr erwartet man ein weiteres Umsatzplus von sieben Prozent. (13)

Schauinsland Reisen
Zielgruppenansprache ist beim Alltours-Nachbarn Schauinsland Reisen das Erfolgsrezept. Angebote für Partyurlauber sind ebenso in den Katalogen des Familienunternehmens zu finden wie Romantikzimmer oder Familienangebote mit inkludiertem Eintritt in einen Wasserpark. Mit Erlösen von 556 Millionen Euro - plus 12 Prozent zum Vorjahr - behauptete Schauinsland im vergangenen Jahr den siebten Platz nach Kreuzfahrer AIDA. Innovative Konzepte, Flexibilität und hohe Servicequalität haben sich die Duisburger auf die Fahnen geschrieben. Bisher sehr erfolgreich, wie man sieht. (14)

Die Dynamischen

Einer der erfolgreichsten dynamischen Veranstalter ist JT Touristik. Das Unternehmen, das von Jasmin Taylor geleitet wird, hat in diesem Jahr die 100 Millionen Euro Umsatz-Marke übertroffen. JT Touristik ist auf die Vereinigten Arabischen Emirate spezialisiert, hat sein Angebot aber in letzter Zeit auf andere Mittelmeerziele ausgedehnt. Obwohl tagesaktuelle Angebote gebündelt werden, sorgt JT Touristik für eine professionelle Betreuung in den Zielgebieten. (19)

Zahlen & Fakten

Abbildung 1: Top Reiseveranstalter in Deutschland nach Umsatz

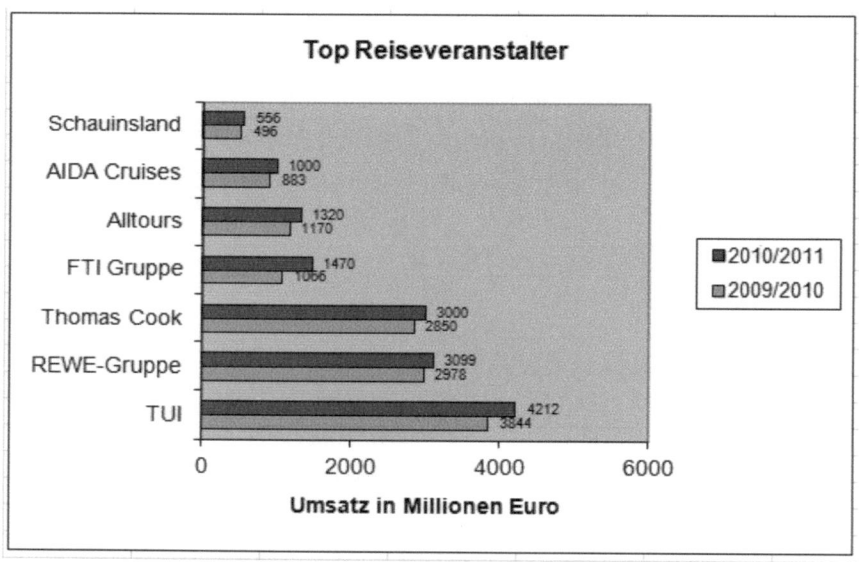

Quelle: FVW International, Dossier Deutsche Veranstalter, 2011, S. 12 (20)

Weiterführende Literatur

(1) Diskussionen um das Reisen mit dem X

aus Frankfurter Allgemeine Zeitung, 25.11.2011, Nr. 275, S. 21

(2) Fiebig arbeitet dran
aus fvw Nr. 25-26 vom 16.12.2011 Seite 024

(3) Reiseveranstalter im Wandel
aus Finanz und Wirtschaft vom 07.01.2012, Seite 29

(4) "Wir müssen niemand etwas versprechen"
aus fvw Nr. 21 vom 21.10.2011 Seite 020

(5) Beginn einer neuen Reise
aus fvw Nr. 25-26 vom 16.12.2011 Seite 028

(6) (Zusammenfassung 15:12 Uhr) Reisekonzern TUI peilt trotz Verlustquartal höheren Jahresgewinn an - Unruhen in Nordafrika kosten 30 Millionen Euro - Auf Jahressicht aber steigender Ertrag erwartet - Frenzel strebt Dividende an (Neu: Rede Frenzel) — Von Claus-Peter Tiemann —
aus dapd nachrichtenagentur vom 15.02.2012, 15.12 Uhr

(7) Rewe Touristik beginnt die Aufholjagd
aus Frankfurter Allgemeine Zeitung, 05.11.2011, Nr. 258, S. 16

(8) Große Ziele im Blick
aus fvw Nr. 24 vom 02.12.2011 Seite 088

(9) Kein Platz an der Sonne Vor drei Jahren galt Thomas Cook als die Perle des Arcandor-Konzerns

und machte TUI die Marktführung streitig. Doch der traditionsreiche Tourismusanbieter verpatzte den Internet-Einstieg und setze zu lange auf Pauschalreisen. Nun ist seine Existenz bedroht aus Financial Times Deutschland vom 09.02.2012, Seite 23

(10) Welbers zwischen den Welten
aus fvw Nr. 22 vom 04.11.2011 Seite 022

(11) Thomas Cook ganz tief in roten Zahlen
aus DIE WELT, 09.02.2012, Nr. 34, S. 12

(12) Die Wachstumsmacher
aus fvw Nr. 21 vom 21.10.2011 Seite 016

(13) Hauptsache exklusiv
aus fvw Nr. 21 vom 21.10.2011 Seite 038

(14) Unter Beobachtung
aus fvw Nr. 22 vom 04.11.2011 Seite 030

(15) Glaubenskrieg um X-Veranstalter
aus fvw Nr. 23 vom 18.11.2011 Seite 016

(16) "Spreu vom Weizen trennen"
aus fvw Nr. 02 vom 27.01.2012 Seite 016

(17) Gutes Gelingen garantiert
aus fvw Nr. 22 vom 04.11.2011 Seite 014

(18) Pakete nur als Veranstalter
aus fvw Nr. 22 vom 04.11.2011 Seite 026

(19) Kein Goldkamel in der Wüste

aus fvw Nr. 25-26 vom 16.12.2011 Seite 030

(20) D: Geschäftszahlen der großen und mittleren Reisebüro-Marken ab 60 Millionen Euro Umsatz 2010-2011 Teil I
aus FVW International, Dossier Deutsche Veranstalter, 2011, S. 12

Impressum

Reiseveranstalter - Aussichten bleiben erfreulich

Bibliografische Information der deutschen Nationalbibliothek

Die Deutsche Nationalbibliothek verzeichnet diese Publikation in der deutschen Nationalbibliografie; detaillierte bibliografische Daten sind im Internet über http://dnb.d-nb.de abrufbar.

ISBN: 978-3-7379-2996-7

© 2015 GBI-Genios Deutsche Wirtschaftsdatenbank GmbH, Freischützstraße 96, 81927 München, www.genios.de

Alle Rechte vorbehalten. Dieses Werk ist einschließlich aller seiner Teile – z.B. Texte, Tabellen und Grafiken - urheberrechtlich geschützt. Jede Verwertung außerhalb der Grenzen des Urheberrechtsgesetzes bedarf der vorherigen Zustimmung des Verlags. Dies gilt insbesondere auch für auszugsweise Nachdrucke, fotomechanische Vervielfältigungen (Fotokopie/Mikroskopie), Übersetzungen, Auswertungen durch Datenbanken oder ähnliche Einrichtungen und die Einspeicherung und Verarbeitung in elektronischen Systemen.